LE COMTE

DE CHAMBORD,

LA DUCHESSE D'ORLÉANS,

ET

LE PRÉSIDENT

DE LA RÉPUBLIQUE.

Par Célestin GRAGNON.

A PARIS,

DENTU, LIBRAIRE-ÉDITEUR, PALAIS ROYAL.

1851

LE COMTE DE CHAMBORD,

LA DUCHESSE D'ORLÉANS,

ET LE

PRÉSIDENT DE LA RÉPUBLIQUE.

Bordeaux, typ. de SUWERINCK, rue Sainte-Catherine, bazar Bordelais.

LE
COMTE DE CHAMBORD,
LA DUCHESSE D'ORLÉANS,
ET
LE PRÉSIDENT
DE LA RÉPUBLIQUE.

Par Célestin GRAGNON.

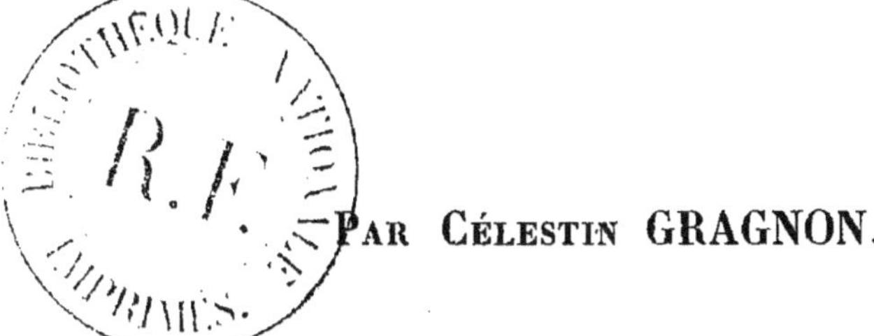

A PARIS,

DENTU, LIBRAIRE-ÉDITEUR, PALAIS-ROYAL.

1851

LE
COMTE DE CHAMBORD,
LA DUCHESSE D'ORLÉANS,
ET
LE PRÉSIDENT
DE LA RÉPUBLIQUE.

I.

La révolution de 1789 fut faite à Paris malgré
Paris.

Elle fut l'ouvrage de Philippe-Égalité.

Quand les Parisiens crurent que la révolution
pouvait les honorer et leur donner la place de la
noblesse, ils s'y intéressèrent.

Jamais les Parisiens n'ont opposé de résistance à
ceux qui voulaient tout renverser.

Le 10 août fut la faute de Louis XVI trompé par tous les partis.

Les partisans du duc d'Orléans voulurent en profiter; d'autres ambitieux essayèrent également de faire tourner cette journée à leur profit. Les derniers seuls devaient réussir.

On a prétendu que la Cour pensait, au 10 août, avoir pour elle les Jacobins. C'est une erreur démontrée par les faits, et qui n'a pu être inventée que par la plus noire malveillance et la plus insigne mauvaise foi. D'un autre côté, les Girondins, aussi ambitieux pour le moins que les Jacobins, avaient donné au Roi le conseil d'abdiquer la couronne et de remettre son fils entre les mains du peuple. On lui eût nommé un conseil de régence, et les Girondins comptaient en être. Tout ce qui a été dit de l'union du Roi et des Jacobins, au 10 août, est une infâme calomnie.

Les Jacobins, après le 10 août, se brouillèrent entr'eux, car, il ne faut pas l'oublier, les Guadet, les Vergniaud, les Gensonné, etc., etc., en un mot les Girondins étaient, avant le 10 août, Jacobins. L'ambition les divisa.

Le parti Danton et Robespierre eut à lutter longtemps contre l'autre.

Le 2 septembre eut lieu pour bien des causes : d'abord les malheurs de la France, l'entrée de l'ennemi sur son territoire, et, pardessus tout, une intrigue jacobine, pour empêcher de regarder derrière soi.

Le parti opposé, c'est-à-dire celui des Girondins, qui n'avait pas fait ce qu'il pouvait et ce qu'il aurait dû faire pour empêcher ces massacres, fit tout ce qu'il put pour faire punir les coupables. Il excita l'exaspération de ceux qui lui étaient attachés et la haine de ceux qui lui étaient opposés. Tous les malheurs de la France naquirent de ces deux partis dont l'un paraissait animé de meilleures intentions que l'autre; mais ils étaient tous les deux conduits par la vengeance et l'ambition.

La majorité de la convention n'était pas du parti jacobin. De là tous les efforts, tous les moyens employés par le plus faible pour détruire le plus fort; de là le 10 mars, le 31 mai et le 2 juin; de là toutes les horreurs qui ont suivi ces journées à jamais exécrables.

Il est clair que les meneurs des deux côtés étaient des ambitieux désunis. Brissot et Pétion étaient des amis de Robespierre avant le 10 août. Ils devinrent ennemis et Girondins après cette journée.

Au 10 août, il y avait au château plus de dix mille hommes armés pour le Roi. Les deux tiers des citoyens étaient aussi pour lui. Ce fut la perfidie de quelques personnages habillés en suisses, qui tirèrent sur le peuple, après lui avoir jeté des cartouches en signe de paix, qui amena tous les malheurs.

Le Roi ne montra aucun courage dans cette journée. Il abandonna ses amis désespérés et s'enfuit au corps législatif avec la Reine, plus ferme et plus résolue que lui. La grande majorité des honnêtes gens était favorable à la royauté. Il déserta le champ de bataille quand il pouvait encore vaincre, et perdit, par sa pusillanimité et sa faiblesse, la cause de la monarchie.

On convoqua la Convention et on décréta la République au milieu de l'indifférence, peut-être même de la répulsion générale. Le parti jacobin, qui la proposait, n'en voulait pas. Il voulait faire de Paris Rome ; il voulait s'enrichir ; il voulait jouir et dominer, et le parti d'Orléans voulait faire régner Philippe-Égalité.

Tout le monde sait les horreurs commises depuis le 2 juin par les députés envoyés en mission. Ces hommes avaient comme changé de nature. Ils étaient devenus des tigres altérés d'or, de sang et de carnage. Ils désolèrent la France et firent, par leur cruauté, exécrer la liberté et la République.

Le 9 thermidor vint débarrasser la France de ces monstres. Ceux qui conspirèrent pour amener la chute de Robespierre, de Saint-Just et de leurs complices, étaient peut-être encore plus scélérats qu'eux. Il suffit de rappeler les noms de Billaud-Varennes, de Tallien, de Collot-d'Herbois, de Carrier, pour faire soulever d'indignation tous les cœurs honnêtes. Ils ne tardèrent pas à subir le châtiment dû à leurs crimes.

Le directoire survint. Ce fut le règne de la licence et des femmes perdues. La France marchait à grands pas vers sa décadence.

Le 18 brumaire eut lieu, puis arriva l'époque du consulat, qui devait aboutir à l'empire.

L'empire ne donna pas le bonheur à la France ; il lui donna la tranquillité. Elle avait besoin de respirer après tant d'orages : elle put respirer librement. Le pays renaissait au calme et à l'espérance. Il était sauvé de l'anarchie et il pouvait envisager l'avenir sans effroi.

Bientôt on ne parla plus que du conquérant de l'Égypte et du vainqueur des Pyramides ; chaque jour ajoutait à sa couronne une auréole de plus ; la gloire était venue s'asseoir à son foyer et lui promettait une destinée impérissable. Il promena nos drapeaux victorieux sur tous les champs de bataille de l'Europe.

L'astre radieux du conquérant ne devait pas tarder à pâlir ; la fortune l'abandonna ; un jour vint où le sort des armes trahit son courage et où des défaites successives lui apprirent qu'il n'était pas invincible. Le front du héros s'assombrit et l'Europe entière se ligua pour conduire sur un rocher solitaire celui qui avait vu les monarques de la terre à ses pieds !

La restauration fut accueillie avec enthousiasme : elle donna le bonheur et la tranquillité à la France. Il ne pouvait guère en être autrement. En revenant aux saines traditions, en remontant le cours des siècles, on était sûr de voir renaître dans le pays la prospérité et la splendeur des premiers jours de la monarchie.

Le commerce qui était resté, pendant quelques années, dans un état de somnolence et de torpeur, reprit tout à coup son essor ; le mouvement des affaires devint plus vif et plus animé ; la France fut comme régénérée.

Louis XVIII, qu'on a voulu représenter comme un tyran et un despote, fut toujours porté aux mesures de clémence ; il était naturellement généreux, et il abhorrait l'arbitraire. Les actes qu'on a reprochés à son gouvernement ne furent nullement dus à son initiative personnelle, mais au royalisme exagéré de quelques-uns de ses ministres et de la chambre en particulier. Personne n'eut un cœur meilleur et des intentions plus droites que lui.

Charles X monta sur le trône, et la prospérité

de la France atteignit alors à son apogée. Ceux qui prétendent qu'il protégea la noblesse et le clergé commettent une erreur grave. Charles X fut ce qu'il devait être à une époque comme celle où il fut appelé à régner. Si la bourgeoisie se montra plus tard hostile à ses vues, si elle regretta l'empire, c'est qu'ambitieuse à l'excès, elle voulait rester maîtresse absolue du champ de bataille et jouir seule des priviléges et des immunités du pouvoir.

C'est à elle en partie qu'on dut la chute de la monarchie légitime; et comme si Dieu, dans son équité, eût voulu lui montrer l'injustice de ses attaques et de ses plaintes, elle fut forcée de suivre la voie de répression qui lui avait été un prétexte pour faire une révolution en 1830. Elle avait blâmé les ordonnances : on accepta les lois de septembre; elle avait crié contre la noblesse, contre son intraitable orgueil, contre les blasons et les parchemins : on fit des ducs et des marquis; elle avait tonné contre l'énormité des budgets : on les augmenta; elle avait fait entendre des plaintes contre le nombre toujours croissant des fonctionnaires : on en créa de nouveaux, pour de nouvelles fonctions. La royauté citoyenne ne fit pas plus pour le peuple que sa devancière.

Pauvre peuple! Il fait les révolutions, il sert les ambitions des uns et les rancunes des autres; il se fait tuer à coups de fusil sur les places publiques. Que lui en revient-il, après tout? Les charlatans politiques s'emparent des places, ils s'engraissent de ses sueurs, ils se promènent dans des voitures princières : ils prennent des airs de marquis et se font presque toujours remarquer par leur faste et leur insolence. Quant à lui, aussitôt la farce jouée, on l'éloigne, on le renvoie, on le renie, et ses amis de la veille sont ses ennemis du lendemain. Pauvre peuple! Ignoreras-tu donc toujours que ces gens-là sont des ambitieux, avides de places et d'honneurs, et qu'en leur servant d'instrument et de marchepied tu t'exposes à mourir de faim et de misère?....

La révolution de Février en est un vivant témoignage. Qui ne se rapelle ce qui se passa alors? Toutes les médiocrités turbulentes, toutes les ambitions non satisfaites, toute la démocratie avocassière, tous les écrivains subalternes, tous les inconnus de la veille, se disputèrent les meilleures places. C'était des appétits insatiables. L'incorruptible Ledru-Rollin, le farouche Louis Blanc, l'audacieux Flocon, l'intéressant Albert, firent partie du gouvernement provisoire. Quels hommes d'État la révolution de Février donnait à la France !

La république ne pouvait exister longtemps avec de tels hommes à sa tête; M. le général Cavaignac les remplaça après les journées de Juin. Les émeu-

tes furent réprimées, et l'autorité commença, dès-
lors, à reprendre son empire.

La nomination de Louis-Napoléon Bonaparte à
la présidence de la République, qui eut lieu quelques mois plus tard, acheva l'œuvre commencée.
C'était assurer l'ordre à l'intérieur. Depuis cette
époque, la tranquillité n'a plus été sérieusement
troublée à Paris, et des jours plus calmes sont venus luire pour la France.

II.

Pourquoi la monarchie de Juillet, qu'on croyait
assise sur des bases inébranlables, n'a-t-elle pu résister aux premiers efforts de la tempête populaire
qui est venue l'assaillir?

Pourquoi ces jeunes princes, qu'on disait si va-
leureux et si braves, ont-ils fui le sol de la France
sans tirer l'épée?

Pourquoi cette indécision, ce manque total d'é-
nergie et de volonté, quand l'orage révolutionnaire
est venue heurter les premières marches du trône?

Pourquoi la garde municipale a-t-elle seule dé-
fendu la royauté expirante quand tout défaillait
autour d'elle?

Pourquoi ce Roi, qui avait si souvent donné des preuves de son énergie et de son sang-froid, au lieu de faire résolument face à la tourmente, et de se préparer à une dernière et suprême lutte, a-t-il perdu la tête au milieu de la précipitation et de la gravité des évènements?

Pourquoi, lui qui était habitué à ne pas reculer devant les émeutes et à les réprimer sans faiblesse, ainsi que les premières années de son règne l'ont prouvé, a-t-il abandonné la partie avant d'avoir tenté le sort des armes?

Pourquoi le duc de Nemours, au lieu de se mettre à la tête de quelques régiments déterminés et de relever le moral abattu des soldats par son exemple, se montra-t-il d'une faiblesse de caractère et d'une irrésolution désespérante au moment où il ne fallait peut-être pour vaincre que de l'intrépidité et de l'audace?

Pourquoi le maréchal Bugeaud et les autres généraux qui commandaient les troupes à Paris ne prirent-ils pas sur eux d'ordonner aux soldats placés sous leurs ordres de défendre la monarchie, et restèrent-ils dans la plus complète et la plus inexplicable inaction devant la révolution triomphante?

Pourquoi ce défaut d'initiative dans un moment où chaque heure écoulée aggravait la situation et mettait en péril le trône qu'on avait mission de défendre?

Pourquoi, de ce roi, de ces princes, de ces généraux qui avaient vingt fois bravé la mort sur les champs de bataille, aucun n'eut l'idée de résister au torrent et de refouler une émeute naturellement peu redoutable à son origine?

Pourquoi madame la duchesse d'Orléans, cette épouse et cette mère infortunée, que ses malheurs et ses vertus ont rendue si respectable aux nobles cœurs, sans acception de partis, obéissant à un instinct maternel qui eût été bien concevable dans une pareille circonstance, ne se rendit-elle pas auprès de **M.** le duc d'Isly, pour lui confier son enfant, et l'inviter à défendre et à faire respecter ses droits?

Pourquoi, en présence de cette désertion universelle, de ce sauve-qui-peut général, montra-t-elle seule de la résolution et du courage, en se rendant à la Chambre des députés, pour faire un dernier et solennel appel aux sympathies des représentants du pays en faveur de cet enfant?

Pourquoi l'auteur des *Méditations Poétiques*, dont le cœur est ordinairement si prompt à s'ouvrir aux inspirations généreuses, ne se laissa-t-il pas attendrir à la vue de cette princesse qui venait réclamer pour son fils la protection qu'on doit toujours au malheur et à la vertu?

Pourquoi les partisans , d'abord si nombreux d'une régence, ont-ils vu leurs rangs s'éclaircir sous l'influence du temps et de la réflexion, tandis que le parti bonapartiste et le parti légitimiste prennent chaque jour plus de consistance, ainsi que le parti républicain?

Pourquoi bon nombre de ceux-là même que leur affection pour le vieux roi a conduits à Claremont, vaincus par la force des principes, ou par la conduite pleine de dignité du président de la république, sont-ils allés déposer leurs hommages respectueux à Wiesbaden, ou encombrent-ils les antichambres de l'Élysée?

Pourquoi, pendant les premiers jours qui avaient précédé la révolution, et à propos d'une discussion où les principes les plus opposés s'étaient trouvés en présence sur le terrain brûlant de la politique, MM. Guizot, Duchâtel et leurs collègues, s'étaient-ils opposés, avec plus d'obstination que de raison et de prudence, au projet qu'avaient formé les députés du côté gauche de la Chambre, de faire un banquet?

Pourquoi, au lieu de réunir à Paris une masse imposante de troupes , afin d'être en mesure de réprimer une insurrection qui, si la population prenait au sérieux les paroles belliqueuses de M. Odillon-Barrot, pouvait prendre des proportions considérables, le ministère s'était-il contenté d'une quarantaine de mille hommes pour maintenir l'ordre dans la capitale?

Pourquoi, alors que tout était à peu près terminé, alors qu'on pouvait encore espérer qu'il n'y aurait pas de sang répandu, cette décharge de la rue des Capucines était-elle venue mettre le comble à la colère et à l'exaspération du peuple?

Pourquoi le président de la chambre des députés n'avait-il pas donné l'ordre d'empêcher l'envahissement du palais Bourbon et de repousser toute tentative de nature à exercer, sur les députés, même une compression morale?

Pourquoi le nom de Napoléon éveille-t-il de si chaleureuses sympathies dans l'esprit de nos laborieuses populations des campagnes, tandis que celui de la duchesse d'Orléans les laisse, au contraire, dans la plus complète et la plus significative indifférence?

Pourquoi le parti légitimiste, s'il n'a pas pour lui la force matérielle proprement dite, c'est-à-dire le nombre, a-t-il au moins cette force morale qui domine les situations?

Pourquoi, ce qu'il ne nous est permis ni de souhaiter ni d'espérer, si la république venait à disparaître demain dans le gouffre révolutionnaire, la régence avec madame la duchesse d'Orléans ne serait-elle qu'un impuissant palliatif aux maux de la France?

Pourquoi Louis-Napoléon Bonaparte, élu par six millions de suffrages à la présidence de la république, représente-t-il le principe de la souveraineté du peuple dans ce qu'il a de plus imposant et de plus large?

Pourquoi a-t-il donné à la France l'ordre, le calme, la prospérité, la confiance en l'avenir qui lui manquaient depuis la révolution de Février, c'est-à-dire depuis l'époque où les Louis Blanc, les Albert et les Flocon trônaient à l'Hôtel-de-Ville?

Pourquoi ceux-là mêmes dont l'affection et le dévoûment pour la dynastie d'Orléans, ou des Bourbons, ne sont un mystère pour personne, sont-ils forcés de rendre justice aux qualités éminentes qui distinguent au plus haut degré l'élu du pays?

Pourquoi la majorité de l'assemblée législative, qui est pourtant animée du désir ardent de maintenir l'ordre et de raffermir le principe d'autorité, est-elle divisée en plusieurs partis que le péril réunit, mais que la sécurité divise, ainsi que le faisait observer récemment, et avec un bon sens admirable, le président de la république lui-même, en répondant à un toast de M. Dupin?

Pourquoi, alors que tout chancelle, alors que tout croule autour de nous, alors que des hommes pervers et méchants s'efforcent de saper dans sa base la société actuelle, se laisser aller à des sentiments de haine et de défiance contre celui que six millions de suffrages ont appelé à exercer la première magistrature du pays?

Pourquoi, au lieu d'imposer silence à ses ressentiments, à ses préférences, au lieu de renoncer à des espérances trompeuses, à des impatiences coupables, ne pas se grouper autour de Louis-Napoléon, et ne pas entrer franchement dans la voie des améliorations sociales et du véritable progrès?

Pourquoi, tout en repoussant des doctrines aussi absurdes que dangereuses, se laisser effrayer par ce qu'on appelle le *socialisme*, et se laisser aller surtout à d'inexplicables terreurs?

III

La chute du roi Louis-Philippe était écrite dans les décrets de la Providence.

Elle était juste, car le premier devoir du fils de Philippe-Égalité, en 1830, était de refuser la couronne que lui offrait la révolution victorieuse.

Il l'accepta.

Les députés qui le placèrent sur le trône n'avaient reçu du peuple aucun pouvoir constituant.

Élus sous la monarchie de Charles X, il leur aurait fallu se retremper aux sources vives d'une nouvelle élection, pour ne pas sortir des limites du mandat qui leur avait été donné, et qu'ils avaient juré de remplir fidèlement.

Il fallait, pour que le changement d'une monarchie ancienne en une monarchie nouvelle restât dans les termes d'une stricte et rigoureuse légalité, que des députés spécialement nommés pour constituer le gouvernement nouveau, fussent réunis à Paris et consentissent à l'avénement de la dynastie de Juillet avant même la nomination du futur roi à la lieutenance générale du royaume.

Agir autrement, c'est-à-dire comme on le fit, c'était s'exposer à des reproches mérités de précipitation et de mauvaise foi politique. C'est ce que le député Fleury (de l'Orne) s'attacha à faire ressortir, dans un langage éloquent et inspiré, dans la séance du 7 août 1830. Voyant bien, à la manière dont ses observations étaient accueillies, que tout espoir était perdu de ce côté, M. de Corcelles demanda que la nomination du roi fût au moins soumise à la ratification du peuple. C'est alors que 219 suffrages, qui en temps ordinaire auraient formé une majorité de deux voix, remirent entre les mains du duc d'Orléans les destinées de la France.

Les républicains d'alors, car il y avait aussi à cette époque des républicains, des républicains hon nêtes et purs, se plaignirent avec amertume de ce qu'ils appelaient *un escamotage politique*. Le fait est qu'il fallait des mandataires nouveaux pour constituer une nouvelle monarchie. On s'en passa, et Louis-Philippe n'en a pas moins régné dix-huit ans.

On le voit : la royauté de Louis-Philippe ne reposait sur aucun principe sérieux. Nul ne sait si le peuple eût ratifié sa nomination dans le cas où il eût été consulté. On prétend bien, pour affubler d'un faux semblant de légalité ce qui se passa alors, que l'enthousiasme fut à son comble et que d'unanimes acclamations de joie retentirent sur tous les points de la France à la nouvelle de la chute de la monarchie des Bourbons ; mais ce sont là des exagérations qui servent à justifier le triomphe de toutes les causes !

En effet, si on était certain de l'assentiment de la France, pourquoi ne pas la consulter ? C'était à la fois le moyen le plus simple et le plus rationnel pour sauvegarder tous les droits. En dédaignant d'y recourir, on s'exposa aux reproches de la partie de la population qui était restée attachée à l'ancien ordre de choses, et on donna même à ces reproches une certaine autorité.

Qui ne comprend, en effet, qu'en ne consultant pas la France, on laissait naturellement supposer qu'on la suspectait et qu'on craignait de sa part une opposition bien formelle, bien caractérisée au gouvernement qu'on venait de fonder ?

Que cette crainte existât ou n'existât pas, en réalité, toujours est-il que la conduite des hommes qui avaient contribué au renversement de la monarchie légitime prouva qu'ils ne se croyaient pas aussi sûrs qu'ils le prétendaient de l'assentiment de la France. Vaincue et désarmée, la royauté dut s'acheminer vers la terre d'exil, en laissant derrière elle des cœurs fidèles et de chevaleresques dévoûments pour la pleurer !

Le règne de Louis-Philippe, il ne faut pas se le dissimuler, se ressentit de ce vice fondamental, de ce défaut de principe qui lui ôtait toute force et toute autorité morale.

Forcé de s'appuyer sur ceux-là mêmes qui avaient le plus contribué à son élévation personnelle, le chef de l'État devint par le fait, et sans doute à son insu, le premier et le plus naturel protecteur des idées et des principes révolutionnaires de 1830.

Pouvait-il mentir à son origine ?

Les hommes qui avaient fait la révolution furent appelés dans ses conseils ; il en fit ses ministres de prédilection ; il les combla de places et d'honneurs. C'était royalement reconnaître le dévoûment et la capacité incontestable de la plupart d'entr'eux.

Malheureusement, une révolution qui triomphe ouvre la voie à des révolutions nouvelles, dont le désordre et l'anarchie peuvent être la conséquence !

Ces hommes qui, partis de bas, s'étaient élevés, par leur mérite, au plus haut degré de la hiérarchie sociale, arrivèrent au pouvoir avec des idées nouvelles ; ils furent cependant obligés de suivre la même ligne de conduite et les mêmes errements politiques que leurs devanciers.

Louis-Philippe s'appuya avec raison sur la classe moyenne, sur la bourgeoisie ; c'est en cela que son gouvernement différa du précédent, quoique cependant le gouvernement de Charles X fut tout aussi bien disposé que celui de Louis-Philippe en faveur des idées de progrès et de liberté.

Lorsque le 24 février 1848 arriva, la bourgeoisie faisait de l'opposition à la monarchie de Juillet ; elle criait à la corruption ; elle appelait de tous ses vœux la réforme électorale ; elle travaillait sourdement à miner la soi-disant popularité du roi-citoyen.

Charles X, en quittant le sol de la France pour se réfugier sur une terre étrangère, où il devait finir ses jours dans les angoisses de l'exil, laissait derrière lui des cœurs qui ne devaient pas l'oublier pendant son absence. Louis-Philippe avait aussi des partisans chaleureux et dévoués ; mais y avait-il, dans ce qu'on est convenu d'appeler le parti Orléaniste la même abnégation et le même esprit de religieuse fidélité au drapeau que dans le parti légitimiste? L'opinion des premiers était comme une religion; ils avaient ce qu'on peut appeler la foi. En était-il de même des partisans de la dynastie de Juillet?

Non, sans doute; et c'est à ce défaut de dévoûment absolu, de fermeté, d'initiative même, qu'il faut attribuer la chute du roi Louis-Philippe.

Le 24 février 1848, la garde nationale de Paris, sourde à l'appel de la royauté, refusa de combattre le mouvement révolutionnaire.

La preuve que le courage ne lui manquait pas, c'est que, pendant les journées de juin, elle fit son devoir avec un héroïque et sublime enthousiasme.

Pourquoi ne l'avait-elle pas fait quelques mois plus tôt?

C'est que la foi lui manquait; c'est qu'elle ne croyait pas à l'avenir de la royauté; c'est que la question de la réforme électorale lui avait donné le vertige; c'est qu'elle n'était ni pour ni contre la monarchie de 1830.

Le roi, dans cette grave circonstance, en présence des évènements qui se succédaient, perdit complètement la tête. Il se montra faible, incertain, irrésolu. Toute son énergie l'avait littéralement abandonné. Il envisageait sa position avec effroi, et l'avenir lui apparaissait sous les couleurs les plus sombres. Il ne désespérait pas cependant. Le ciel était chargé de nuages; la foudre était prête à éclater; mais il suffisait d'un rayon de soleil pour éloigner la tempête et faire disparaître les dangers qui s'amoncelaient à l'horizon. Il attendit, confiant dans son étoile, et son indécision le perdit. L'orage éclata avec furie, et le trône fut renversé.

Il faut dire aussi que sa position était fausse, et qu'il portait déjà la faute de son origine. Devenu roi à la suite d'une révolution victorieuse, il hésitait à combattre la révolution nouvelle : il se sentait lié par son passé. Après avoir comprimé, en 1831, la révolte de Lyon, il reculait à l'idée de verser du sang dans les rues de la capitale, en 1848. Le peuple ne crierait-il pas à la cruauté? à la tyrannie? Ajoutez à cela que l'insurrection n'avait à ses yeux aucun caractère sérieux, et qu'il ne la croyait pas de nature à mettre en péril la cause de la royauté. C'est ce qui explique son irrésolution et sa faiblesse en présence d'une révolution qui devait briser sa couronne. Il y a dans tout cela une chose qui nous étonne : c'est de voir le roi Louis-Philippe éprouver en 1848 des scrupules qu'il n'éprouvait pas en 1832. Personne n'ignore, en effet, que le général Bugeaud, devenu depuis maréchal de France et duc d'Isly, faisait fusiller à cette époque, dans les rues de la capitale, les insurgés qui avaient à leur tête Barbès et Martin-Bernard, ces deux vertueux conspirateurs de tous les régimes. Ce simple rapprochement est la meilleure et la plus éloquente réponse qu'on puisse faire à ceux qui prétendent que c'est par humanité que le vieux roi quitta le sol de la France sans tirer l'épée !

Quant à nous, comme il nous serait difficile d'expliquer ce fait, nous nous bornons à le constater; et nous concluons de ce rapprochement que si le roi Louis-Philippe n'a pas tenté une résistance inutile, c'est que la Providence avait résolu sa perte en expiation de la faute qu'il avait commise en consentant, en 1830, à monter sur le trône des descendants de Saint Louis !

Et ce n'est pas seulement le vieux roi qui manqua de résolution et d'énergie dans ce moment suprême : le duc de Nemours était à Paris ; il pouvait, à la tête des troupes que sa bravoure aurait peut-être électrisé, tenter courageusement le sort des armes. Témoin des premiers efforts de l'émotion populaire qui devait renverser le trône, il resta les bras croisés en face d'une révolution qui grandissait d'heure en heure. On eût dit qu'une force invincible le tenait cloué à sa place, et que toutes les volontés de cette famille se trouvaient momentanément comprimées sous la main de fer d'une inexorable fatalité.

Plus d'espoir ! tout était perdu pour elle ; et les vertus de madame la duchesse d'Orléans, cette noble femme qui fit preuve d'une si grande fermeté et d'une si héroïque abnégation dans son malheur, ne purent préserver la dynastie de Juillet d'une catastrophe qui était sans doute écrite dans les décrets de la Providence, et qu'il ne devait être donné à aucun pouvoir humain de prévenir !

IV

La République représente le principe de la souveraineté du peuple.

Elle a été acclamée par neuf cents représentants venus de tous les points de la France.

La légitimité représente le principe de la monarchie héréditaire.

Elle a donné le bonheur et la prospérité à la France pendant des siècles.

La dynastie de Juillet ne représente aucun principe, à moins qu'on veuille ériger en principe une monarchie instituée par 219 députés, qui n'avaient reçu du peuple aucun pouvoir constituant.

La première se personnifie dans le président de la République, que six millions de suffrages ont appelé à exercer la première magistrature du pays.

La seconde se personnifie dans Henri V, dernier héritier de la race antique et vénérée des Bourbons !

La troisième se personnifie dans la duchesse d'Orléans et le comte de Paris, son fils.

Un mot d'abord sur le Président de la République :

Le règne du gouvernement provisoire fut le triomphe de l'anarchie sur les lois. Depuis longtemps l'autorité avait perdu en France tout son prestige. Au lieu de chercher à en faire revivre le culte, on s'attacha à l'oublier. Chaque jour fut signalé par des désordres nouveaux. Dans les clubs, des orateurs fougueux s'étudièrent à alimenter le feu des mauvaises passions. Le gouvernement fut assiégé par des manifestations qui mirent à plusieurs reprises la société en péril. Des espérances coupables germaient partout. Blanqui prêchait l'insurrection et la révolte. Animé d'une ardeur sombre, livré aux tortures de l'ambition et de la haine, le corps miné par une irritation maladive qui dévorait les restes d'une santé tourmentée par le désespoir et les remords, il soufflait chaque soir, dans des conciliabules où se discutaient des questions de vie et de mort pour la république, le fiel dont son âme était pleine. Sa parole était accueillie avec tous les dehors du plus frénétique enthousiasme. Aux yeux des clubistes qui l'écoutaient, Blanqui était plus qu'un homme : c'était un Dieu. Il devait être appelé à régénérer le monde ; et la société vermoulue, tremblante déjà jusque dans ses fondements, allait, à un signal de sa baguette magique, se dissoudre et rentrer dans le néant.

A côté de ce Blanqui dévoré par la fièvre de l'ambition, altéré par un besoin impérieux de domination et de vengeance, voyez se dresser la tête élevée de Barbès, avec son visage pâle et son regard dédaigneusement expressif. Tout ce qui est riche offusque son puritanisme républicain. Les mots de *fraternité* et de *progrès* sont toujours sur ses lèvres, sinon dans son cœur. L'égalité dans les fortunes, l'élévation du prolétariat au rang de la bourgeoisie : voilà le but que poursuit ce rêveur obstiné et implacable. Il enveloppe tous les hommes dans la haine qu'il porte à la société qu'il veut détruire. Dans son orgueilleux délire, si des cadavres se rencontrent sur sa route, il les foulera aux pieds, et marchera à la conquête de l'anarchie au milieu des décombres fumants et des ruines amoncelées sous ses pas.

Pendant ce temps, et sous l'inspiration de ces deux hommes vindicatifs et haineux qui se détestent, les clubs deviennent plus ardents, les sociétés secrètes s'agitent ; des symptômes, précurseurs de nouveaux désordres, apparaissent clairement à tous

les yeux. On s'organise, on se compte, on se dis-
cipline pour le jour depuis longtemps prévu où
on livrera la bataille qui doit décider du sort de la
France. Enfin ce grand jour arrive : l'émeute des-
cend dans la rue, le canon gronde, la mitraille vole
en éclats; mais l'armée a noblement fait son devoir, et l'insurrection est vaincue.

Voilà quelle était la position de la France à l'é-
poque où M. le général Cavaignac devint chef du
pouvoir exécutif. C'était un républicain ami de l'ordre. En le voyant arriver au pouvoir, les émeu-
tiers de profession sentirent se glacer leur courage
et se refroidir leur ardeur. Le temps des demi-me-
sures était passé. Désormais, la mitraille et l'état
de siége répondraient aux tentatives des factieux,
et sèmeraient la mort et l'effroi dans les rangs des
anarchistes révoltés.

Louis-Napoléon Bonaparte fut élu à la présidence de la république; il acheva l'œuvre si labo-
rieusement commencée par M. le lieutenant-géné-
ral Cavaignac. Son nom était comme un symbole
d'autorité et de force. Tous les partis se rallièrent
autour de lui. Le peuple avait foi dans son énergie
et dans son courage. Des tentatives téméraires, mais
qui révélaient l'intrépidité de son âme, avaient rendu
son nom populaire dans les campagnes. Il avait
souffert avec une résignation stoïque une dure cap-

tivité. Investi. par six millions de suffrages, de la première magistrature du pays, il put donner un libre cours à ses idées d'ordre et de conciliation, de progrès et de patriotisme politique. Bientôt, la France prit un nouvel aspect; des mains plus fermes se saisirent de la direction des affaires, et donnèrent au commerce et à l'industrie une féconde et rapide impulsion. Les sociétés secrètes furent surveillées avec soin; on déploya une fermeté inaccoutumée dans la répression des émeutes. Sous l'influence tutélaire de ces moyens, on vit les espérances des perturbateurs se dissiper, et faire place à la confiance et au calme. Les agitations de la rue eurent un terme. La crainte des émeutes, qui avait pendant trop longtemps paralysé les transactions et pesé de tout son poids sur les destinées de la France, n'existait plus. Animé du même zèle, le cœur dévoré du même amour du bien public, les deux grands pouvoirs de l'État se prêtaient un mutuel appui. De nouvelles lois sur la presse furent votées. Le pouvoir fut respecté. On dégerva de vingt-neuf millions la propriété foncière. C'était noblement se préoccuper des maux du pays et tenter d'y porter remède.

Malheureusement, nous sommes dans un siècle où l'esprit de progrès et le besoin des améliorations sociales dominent. Essayer de résister au torrent, serait renouveler la guerre des Titans contre les Dieux. On peut espérer d'en régler le cours, mais non d'en arrêter la marche. Que serait une faible digue contre le bouillonnement des idées? Ce n'est pas avec la compression, mais avec la justice, qu'on rendra infructueux les efforts d'une démagogie forcenée. On a déjà beaucoup fait, mais il reste encore beaucoup à faire. Sans essayer, comme le voudraient quelques esprits turbulents, de détruire la société actuelle, pour se lancer dans les périls d'une nouvelle organisation sociale, il est peut-être plus facile qu'on ne pense de porter remède aux maux dont elle est travaillée. C'est ce que le gouvernement de Louis-Napoléon nous paraît surtout avoir compris. La propriété foncière gémissait sous le poids des impôts; chaque année était signalée par un nouvel accroissement des charges publiques; les populations des campagnes murmuraient. Si les vingt-neuf millions dont elle a été dégrevée ne lui ont pas encore rendu le bonheur, ils contribueront du moins à améliorer sa situation, et à témoigner de la sollicitude du gouvernement pour tout ce qui touche aux intérêts de l'agriculture.

Quoi qu'il en soit de ces heureuses tendances du pouvoir, le parti bonapartiste n'est pas, à beaucoup près, en France, aussi considérable que le parti orléaniste. Les hommes de finances, le commerce, la

haute industrie, appartiennent en partie à l'orléa-
nisme. Quand on réfléchit que, dans les grands cen-
tres de population, ce parti se recrute surtout dans
les rangs de la bourgeoisie, on n'en est pas étonné.
Louis-Philippe avait cherché son point d'appui dans
la classe moyenne. Les masses proprement dites
n'étaient pas pour lui. C'est ce qui explique l'en-
gouement des hommes d'affaires pour la veuve du
duc d'Orléans et pour l'héritier présomptif de la
dynastie de Juillet.

Il faut dire aussi, pour être vrai, que madame
la duchesse d'Orléans est une femme d'un noble
esprit et d'un noble cœur. Bonne épouse, excellente
mère, elle a toutes les qualités qui font une princesse accomplie. Sa vertu et ses malheurs lui ont
donné des droits sacrés à notre respect. Dans la
mémorable journée du 24 Février, son calme, sa
fermeté, sa résignation courageuse révélèrent l'hé-
roïsme de son âme. Sous la protection du monta-
gnard Crémieux, elle se rendit à la Chambre et
assista, d'un œil tranquille et avec une fermeté stoïque, à la séance qui brisa les dernières espérances de son cœur maternel.

Mais que peut donc espérer madame la duchesse
d'Orléans? Que veut-elle? Dans ces derniers temps,
on a parlé de projets de fusion entre la branche aînée
et la branche cadette de la maison de Bourbon. Nous

n'avons pas cru à cette alliance; nous n'avons pas ajouté foi à cette réconciliation. Ce qui nous a surpris, ce qui nous a étonné, ce sont les sentiments de répulsion qu'on lui prête pour un projet dont elle devrait se trouver honorée, et qui, après tout, n'aurait qu'un tort : celui de donner à son fils l'avantage de représenter plus tard un principe. Madame la duchesse d'Orléans ignorerait-elle que c'est là où la légitimité puise sa force? Ignorerait-elle que son fils est l'héritier d'une dynastie qui n'a compté qu'un seul roi, dont le règne a été de dix-huit ans? Quelle puissance morale peut avoir une pareille situation?

En revanche, quelle autorité et quelle force dans le principe de la légitimité, résistant depuis des siècles à tous les éléments de dissolution et de mort; à toutes les secousses, à toutes les tentatives, à tous les ébranlements sociaux? Où sont-ils ces jours de prospérité et de gloire qui jetèrent sur la France enthousiasmée, pendant le règne des monarques de cette antique et noble race, un si vif et si resplandissant éclat? Alors, la patrie était l'objet du respect et de la vénération de tous les peuples; alors, la France était grande et forte. Y a-t-il jamais eu un roi qui ait accordé aux arts et à la littérature une plus royale et plus intelligente protection que Louis XIV? La France a-t-elle été jamais plus pros-

père et plus respectée que sous ce vaillant Henri IV,
qui menait de front la gloire et l'amour? Y eut-il
jamais un roi meilleur et plus débonnaire que Louis
XVI? Les sciences ne firent-elles pas des progrès?
le commerce ne fut-il pas florissant? l'industrie
n'acquit-elle pas un développement qu'elle n'avait
jamais atteint? les merveilles de notre génie natio-
nal ne firent-elles pas l'étonnement et l'admiration
de l'Europe sous le règne de Louis XIII?

La France a eu des jours mauvais, des jours où
sa colère longtemps contenue a éclaté, semblable
à un cratère enflammé qui promène au loin la dé-
solation et la mort. Les hommes de 93 nous donnèrent
la république, mais quelle république, bon Dieu!
On dressa des échafauds; on éteignit dans le sang les
dernières lueurs de l'ancien régime. La France ne
fut bientôt plus qu'un champ de carnage ; et les
hommes qui eurent le triste privilége d'échapper
à ces massacres, sans abandonner leur pays, purent
jeter un regard de découragement et de stupeur sur
notre sol dévasté. Mais il était écrit dans le ciel
que le règne de la barbarie et du despotisme aurait
un terme : le soleil, un instant voilé par les nuages,
pouvait reparaître plus radieux que jamais. Après
l'empire, nous eûmes la Restauration, et la France,
qui avait eu un empereur, revint à ses ancien rois.

Le comte de Chambord est aujourd'hui le dernier

représentant de cette race illustre. Nous ne parlerons pas de sa haute intelligence, de l'affection profonde qu'il porte à son pays, des vœux qu'il fait chaque jour pour son bonheur ; le silence est le seul parti qui nous convienne en présence d'une infortune si noblement supportée par le descendant de la race antique des Bourbons.

Voyez là cette longue file de rois qui ont été l'orgueil et la gloire de la France jusqu'en 1789 ! Comme elle resplendit au soleil du souvenir, cette chaîne gigantesque dont les anneaux lumineux projettent encore au milieu de nous un magique rayonnement !...

V

On a souvent prétendu que, sans la révolution de 1789, nous gémirions encore dans les langes de la barbarie et de l'ignorance ; on a même réussi à le faire croire.

Nous ne pensons pas que rien au monde puisse légitimer les horreurs commises en 1793, il y a mieux : nous plaignons sincèrement les personnes dont l'opinion diffère de la nôtre.

Sans doute, et nul n'est plus que nous disposé à en convenir, sans doute, il y avait des réformes à opérer, des préjugés à détruire sous la vieille monarchie de Louis XVI ; mais fallait-il pour cela noyer la France dans des torrents de sang ? Fallait-il la plonger dans l'asservissement et la misère ? Fallait-il promener sur notre sol, témoin de tant d'exploits glorieux, la hache ensanglantée de la terreur ?

Qu'on nous permette, pour envisager le présent, de nous éclairer des lumières du passé.

Est-il vrai que, dans la fameuse nuit du 4 août 1789, le duc de Noailles, appartenant à l'une des plus anciennes et des plus respectables familles de France, proposa à l'Assemblée nationale que l'impôt fût payé par tous les citoyens, en proportion de leur revenu ?

Est-il vrai qu'il demanda, dans cette même séance, que les corvées seigneuriales fussent détruites sans rachat ; que toutes les charges fussent supportées par tous ; que tous les droits féodaux fussent rachetables en argent pour les communautés ?

Est-il vrai que M. le duc d'Aiguillon, renchérissant sur la proposition de M. le duc de Noailles, lut alors un projet de décret qu'il venait d'écrire pour convertir en lois les vœux de l'illustre représentant de la vieille noblesse française, et y ajouter les siens propres?

Est-il vrai que Leguen de Kérandal, dans un langage éloquent et inspiré, qui trahissait une noble sollicitude des intérêts populaires, proposa de faire un bûcher expiatoire de ces titres qui outrageaient la pudeur et l'humanité, en exigeant que les paysans fussent astreints à s'atteler à une charrue et à battre les étangs pendant la nuit pour empêcher les grenouilles de troubler le sommeil de leurs voluptueux seigneurs?

Est-il vrai que le marquis de Foucault fit entendre une protestation, aussi énergique dans la forme que vraie au fond, contre les abus des pensions militaires, contre les traitements excessifs, contre les priviléges et les immunités de la noblesse qui fréquentait la Cour et qui vivait sous l'œil des princes?

Est-il vrai que le duc de Guiche et le duc de Mortemart demandèrent, avec l'insistance et le dévoûment du patriotisme, que la noblesse fût obligée de porter la plus grosse part du fardeau, pour alléger les souffrances et la misère du peuple?

Est-il vrai que le vicomte Mathieu de Montmorency, ne voulant pas laisser à cette sublime ardeur de bien public le temps de se refroidir, proposa, au milieu d'un religieux et solennel silence, de décréter sur-le champ toutes les propositions, tous les vœux qu'on venait d'émettre pour leur donner force de loi ?

Est-il vrai que le vicomte de Beauharnais, cédant à l'ivresse d'un enthousiasme qui s'emparait de toutes les âmes, réclama l'égalité complète des peines et l'admissibilité des citoyens de toutes les conditions à tous les emplois publics?

Est-il vrai que le respectable évêque de Nancy, M. de Lafare, après s'être concerté avec plusieurs membres du clergé, et avoir fait entendre des paroles de commisération et de pitié sur la détresse publique, demanda, avec l'onctueuse éloquence d'un cœur juste et convaincu, que si le rachat était accordé, il ne *tournât pas au profit des seigneurs ecclésiastiques, mais qu'il en fût fait des placements utiles pour les bénéfices mêmes*, afin que les administrateurs pussent répartir, entre les indigents, d'abondantes et fructueuses aumônes?

Est-il vrai que M. de Lubersac, évêque de Chartres, s'empressa, aussitôt que M. de Lafare fut descendu de la tribune, de faire une déclaration analogue, et de s'élever surtout avec énergie contre les droits de chasse, si funestes aux cultivateurs, et dont les riches et les nobles obtenaient seuls le privilége?

Est-il vrai que le clergé tout entier se leva comme emporté par un enthousiasme irréfléchi, et s'écria,

avec l'accent que donne la passion du bien et la
conviction d'un sacrifice accompli avec une résigna-
gnation courageuse : «Nous appuyons ! nous appuyons! » quand le vénérable prêtre Thibault,
obéissant au mouvement spontané d'une âme profondément pénétrée de la grandeur et de la sainteté
des fonctions sacerdotales, vint offrir, à l'Assemblée
étonnée d'un tel désintéressement, le concours gra-
tuit du clergé, dans la mission de dévouement et de
charité qu'il accomplissait?

Est-il vrai qu'un député noble, nommé de Ri-
chier, demanda avec une insistance chaleureuse la
gratuité de la justice, et l'abolition immédiate de
la vénalité des charges ?

Est-il vrai que le comte de Vezins réclama, dans
l'intérêt de l'égalité et de la justice, l'abrogation du
droit de colombier, et que le duc de Larochefoucault-
Liancourt prononça quelques paroles généreuses en
faveur de l'affranchissement des serfs et de l'améliora-
tion du sort des esclaves dans les colonies?

Est-il vrai que l'évêque d'Uzès, les barons de
Latour-Maubourg, de Destournel et de Lameth,
rivalisèrent de patriotisme et d'amour du bien public, en faisant l'abandon de leurs titres et de toutes les prérogatives se rattachant à leurs baronnies ?

Est-il vrai que le baron de Marguerit, le duc de
Villequier, les évêques d'Auxerre et d'Autun, fi-

rent des offres analogues, au milieu des témoigna-
ges unanimes d'admiration des députés du Tiers?

On peut répondre à toutes ces questions par l'af-
firmative.

Sans doute, les priviléges et les prérogatives de
la noblesse étaient également odieux à toutes les
classes de la société; mais ce qui prouve cependant
que la noblesse a été calomniée, et qu'on aurait pu
arriver pacifiquement au progrès, c'est qu'elle fut
la première à renoncer à tous ses droits, à tous ses
titres, alors qu'elle pouvait encore les conserver,
sans aucun péril pour elle !

C'est ce que le respectable Dupont de Nemours
avait parfaitement compris dans son orgueil aris-
tocratique et dans le respect dont il voulait que
le principe d'autorité fût entouré. Il demanda avec
énergie, que tout citoyen fût tenu d'obéir aux lois
existantes; que les tribunaux fissent leur devoir
avec une inflexible rigueur; que tous les corps
militaires eussent à prêter main-forte aux mesures
du gouvernement, si le gouvernement était appelé
tôt ou tard à sévir contre les factions qui divisaient
la patrie.

Malheureusement, à cette époque comme aujour-
d'hui, il y avait des ambitieux qui se faisaient un
jeu des révolutions, des émeutes. Le besoin de sa-
tisfaire des goûts effrénés de dépenses , l'amour du

luxe et du faste étaient les premiers mobiles de leur conduite. De tels hommes n'ont pas de convictions. Ils veulent occuper les premiers emplois, disposer des places et des honneurs ; ils veulent s'élever et grandir. Oui, ce sont bien là les ambitieux. Ils poussent le peuple à l'insurrection, se cachent pendant la tempête, et reparaissent ensuite, quand l'orage ne gronde plus à l'horizon, pour s'emparer de toutes les positions, et oublier, au milieu des enivrements d'une fortune nouvelle, les dupes ou les victimes qu'ils ont égarées. Qu'importe, après tout? Ce sont des soldats obscurs ceux-là. Ils se sont bravement battus pendant tout le temps que le tocsin de l'insurrection a sonné : une fois que le tour est fait et la farce jouée, il faut les repousser du pied et insulter à leur misère par la morgue et l'insolence des parvenus.

Voilà bien l'histoire de toutes les révolutions ét de tous les ambitieux. N'est-ce pas toujours la même cause produisant les mêmes effets? Ne se cache-t-il pas le plus souvent, sous ces mouvements populaires qui brisent et renversent les trônes, les calculs de l'ambition ou de la haine? Sans doute il peut y avoir quelquefois une autre cause, un autre mobile, mais il faut convenir que c'est un peu rare, et que nous en trouverions difficilement des exemples dans les révolutions qui ont si souvent et si profondément bouleversé notre malheureux pays!

V I

Maintenant que nous avons tourné et retourné la question dans tous les sens ; maintenant que nous l'avons examinée sous toutes ses faces ; maintenant que nous l'avons, pour ainsi dire, épuisée, il nous reste encore à conclure.

Nous avons la République ; non pas la République rêvée par les fauteurs de désordres, par les prôneurs d'insurrection, par les faiseurs de barricades, par les cannibales de juin, par les ennemis de la société ; mais la République des honnêtes gens, avec un pouvoir fort et respecté !

N'est-ce pas la seule qui puisse avoir des chances de durée en France ? N'est-ce pas la seule qui convienne à la société actuelle, à nos mœurs et à nos institutions ? Nous avons vu le gouvernement provisoire à l'œuvre ; son règne a été le triomphe de l'anarchie : chaque jour, une nuée de factieux venait lui dicter de nouvelles lois avec l'arrogance de la brutalité victorieuse ; l'armée était éloignée de Paris ; l'inamovibilité de la magistrature était méconnue ; des commissaires aux pouvoirs illimités étaient dirigés sur tous les points de la France ; les préfets, les sous-préfets, les juges-de-paix ; en un mot, tous les fonctionnaires qui avaient servi le gouvernement précédent, étaient révoqués ; la représentation nationale était envahie ; Raspail pérorait à la tribune ; Caussidière trônait à la préfecture de police ; Cabet rêvait éveillé. La France n'était plus la France : c'était le chaos !

Et voyez d'ici l'anarchie qui régnait dans le sein de ce gouvernement provisoire dont la mission était alors de présider aux destinées du pays ! Ledru-Rollin, l'illustre Ledru-Rollin, le héros incompris du vasistas du Conservatoire, le Duguesclin de la démocratie, avait sa police *à lui* pour surveiller les menées de M. Marrast, dont les connaissances en stratégie politique pouvaient défier les limiers de son collègue ! De son côté, M. Marrast qui sait, dans les grandes occasions, s'inspirer de ce vieil aphorisme : « *à bon chat, bon rat,* » ne négligeait aucun moyen pour se tenir au courant des entrevues de M. Ledru-Rollin avec Barbès ou Blanqui, ces deux illustres chefs de la démocratie révolutionnaire ! Admirable et touchante union ! MM. Crémieux, Arago, Garnier-Pagès éprouvaient, à l'égard du Cicéron du Luxembourg, Louis Blanc, des défiances fraternelles, au moins en ce qui touchait son gigantesque projet de l'organisation du travail, pendant que MM. Flocon et Albert, flanqués du susdit Louis Blanc, le ministre du progrès en perspective, paraissaient également mettre en suspicion le radicalisme étroit et mesquin de ces messieurs! Quelle admirable communauté d'idées et d'intentions dans cette Babel politique, où des avocats, des écrivains, des ouvriers, des astronomes, des poètes, hommes d'État improvisés, prêchaient les vertus républicaines et l'égalité sur la terre! Honneur, trois fois honneur au gouvernement provisoire !

Pour nous, au milieu des luttes et des impatiences des partis, sachons conserver le calme et la sérénité de l'espérance. Pourquoi ne pas convenir que la République est, de tous les gouvernements, celui qui nous divise le moins? Légitimistes, Orléanistes, Bonapartistes, tous les hommes, toutes les opinions peuvent se rencontrer sur ce terrain neutre. C'est là ce qui constitue la force de la République. Au point où en sont les choses, avec les espérances, les craintes , les appréhensions qui se sont emparées des esprits, le parti vainqueur, quel qu'il fût, aurait pour ennemis les partis vaincus. La situation s'aggraverait, au lieu de s'améliorer. Des malheurs communs ne tarderaient pas à cimenter de nouvelles unions; on intriguerait, on conspirerait plus que jamais. Les haines qu'on porte à la République ne sont ni aussi fortes, ni aussi vivaces que celles qu'inspirerait une autre forme de gouvernement. Demandez à un légitimiste convaincu , s'il ne préfère pas la République à la régence ; demandez à un orléaniste exalté, si entre la restauration du véritable principe monarchique, ou la conservation de ce qui est, de ce qui existe, son choix pour la République serait douteux. Tous les deux vous répondront qu'ils préfèrent la forme républicaine à tout autre gouvernement, si ce gouvernement n'est pas celui qu'ils désirent, c'est-à-dire leur gouvernement de prédilection, le gouvernement selon leur cœur. Un pareil fait suffit, à lui seul, pour démontrer qu'il est plus facile aux partis de se rencontrer sur ce terrain, qui laisse à chacun ses illusions et ses espérances, que d'assister au triomphe définitif de l'un d'eux.

Mais, nous ne cesserons de le répéter, chez une nation intelligente comme la nôtre, le progrès pacifique est toujours possible. Voilà pourquoi nous condamnons les révolutions. A nos yeux, il n'y en a pas de légitimes. Celle de 1830 ne le fut pas plus que celle de 1793. Le temps, l'expérience des hommes et des choses, la marche toujours progressive de l'esprit humain, suffisent pour attester que les sociétés ne restent pas stationnaires. Il est dans la nature des idées justes de triompher des obstacles. En hâtant, par le glaive des révolutions, les réformes qui ne doivent venir qu'avec le temps, après avoir été mûries et fécondées par la discussion, on se donne tort à soi-même. Il faut tout attendre de

Dieu. Si l'égoïsme est un vice du cœur humain, la générosité en est aussi une vertu. Puisque, sous le règne du vertueux Louis XVI, il y avait des réformes à accomplir, il fallait les accomplir sans secousses, avec les seules armes de la persuasion et de la raison. Les proscriptions et l'échafaud sont de tristes arguments en faveur d'une cause. Au lieu de frapper, il faut convaincre; au lieu de se soulever et de résister, il faut patienter et attendre. Qui sait si les fougueux partisans du progrès ne poursuivent pas une chimère, en essayant d'atteindre à une perfection impossible? Loin d'être aussi opposée qu'on a bien voulu le dire aux améliorations nécessitées par l'état des esprits, la marche des évènements et l'injustice des prérogatives dont elle était en possession, la noblesse française en fit l'abandon avec un religieux patriotisme. Cette abnégation ne fut pas comprise. Au lieu d'allumer le flambeau de la guerre civile, il fallait l'éteindre. Puisque des concessions avaient été faites dans un moment où l'autorité était encore toute puissante, où la noblesse était respectée, ce qu'on avait de mieux à faire, c'était d'oublier le passé et de marcher en commun à la conquête de l'avenir, sans en suspecter la sincérité. On préféra calomnier la royauté, lui prêter des projets odieux et briser la couronne sur le front de Louis XVI. Le progrès étai

possible sans secousse : on y serait arrivé insensible-
ment, presque sans s'en apercevoir ; la raison et l'intelligence auraient triomphé peu à peu des idées
préconçues. Des esprits impatients et pervers, que
leur médiocrité ou leurs vices condamnaient à vivre
dans l'obscurité ou la honte, parvinrent à tromper
le peuple et à plonger la France dans un abîme de
sang. C'est de ce jour là que date l'ère des révolutions.

Et certes, si nous revenions à la révolution de
1830, nous serions curieux de savoir ce que pen-
seraient aujourd'hui MM. Thiers, Guizot, Odillon-
Barrot, Montalivet, et autres, de cette phrase de
l'adresse des **221** ; elle était significative :

« La base fondamentale de l'adresse est un pro-
» fond respect pour la personne du roi ; elle exprime
» au plus haut degré de la vénération pour cette
» race antique des Bourbons ; elle représente la lé-
» gitimité, non seulement comme une vérité légale,
» mais comme une nécessité sociale, qui est aujour-
» d'hui, dans tous les bons esprits, le résultat de
» l'expérience et de la conviction. »

Quelle admirable invention que l'esprit humain !
Les mêmes hommes qui paraissaient si convaincus
de la légalité des principes de la légitimité, et qui
trouvaient de si bonnes raisons pour justifier, par
de chaleureuses protestations de dévoûment, une

opposition insignifiante aux actes du ministère, po-
saient, quelques jours plus tard, la couronne de
Charles X sur le front du duc d'Orléans, et s'éver-
tuaient à prouver que la monarchie légitime avait
fait son temps, et que la France n'en voulait plus !
Il est vrai qu'ils employaient pour cela des arguments qui faisaient plus d'honneur à la mobilité de
leurs convictions et à leur inconstance politique,
qu'à la force de leur logique et à la rectitude de
leur jugement !

La conduite du parti orléaniste, avant et après
la révolution de 1830, a été celle d'un parti qui
n'est pas sûr de lui-même et des sympathies qu'il
inspire. La loyauté lui faisait un devoir de consulter la nation, ainsi que nous l'avons déjà fait observer, sur le gouvernement qu'elle entendait se donner
après le départ de la royauté légitime pour la terre
d'exil. Dans la crainte que son choix ne fût pas ratifié par le pays, il préféra s'en passer, et donna
ainsi le droit, aux partisans de la branche aînée des
Bourbons, de penser que la France était toujours
avec eux, et n'avait pas, comme on le disait alors,
fait cause commune avec la révolution.

Les légitimistes ont-ils suivi cet exemple en
1848 ? Certainement non. En demandant l'appel
au pays, M. de Larochejacquelin, prouvait du

moins qu'il ne voulait pas suivre la ligne de conduite des **221** !

Quoi qu'il en soit de la proposition de **M.** Larochejacquelin, nous avons une constitution ; cette constitution n'est pas parfaite sans doute, mais il faut l'observer, il faut la respecter jusque dans ses imperfections : c'est ce que tous les bons citoyens doivent comprendre. Il est évident qu'un gouvernement qui laisse discuter la légitimité de son principe est un gouvernement perdu. Restons dans les limites de la constitution, et soyons fidèles à notre foi politique ; mais ne jetons pas à nos institutions actuelles un défi audacieux. Ce serait commettre à la fois une imprudence et une faute. Nous ne croyons pas plus aux conspirations impérialistes qu'aux conspirations légitimistes ou orléanistes. Ce qu'il faut avant tout au pays, c'est de la confiance et du calme. Or, il est évident que le meilleur moyen pour parvenir à ce résultat, c'est de rester dans les limites de la constitution et de la légalité. Toute atteinte portée aux lois du pays est un pas de fait vers l'anarchie. Ne tentons pas de détruire ce qui existe, et cherchons de bonne foi la solution des problèmes qui agitent la société, sans tenir compte des divergences d'opinions. En dehors de la constitution, il n'y a et ne peut y avoir que des tempêtes. Soyons assez prudents pour ne pas nous exposer à des périls nouveaux, et pour éviter les écueils semés sous nos pas. Toute imparfaite qu'elle est, la constitution est encore notre unique sauvegarde contre les tentatives des factions et les tumultueuses aspirations de l'anarchie. Il faut savoir faire le sacrifice de ses opinions et de ses affections à la tranquillité et à la sécurité du pays. Ceux qui pensent qu'on ne doit pas rester dans les limites de la constitution et de la légalité, sont de mauvais citoyens. Si, plus tard, on en obtient la révision par des moyens légaux, à la bonne heure; mais jusque-là le devoir des honnêtes gens est de chercher à ramener dans tous les cœurs les saines traditions de respect aux lois et de religieuse fidélité au pacte fondamental!

Il a y des gens, bonnes gens en vérité, qui se figurent qu'il suffit de rêver le retour de la branche d'Orléans pour voir la régence s'établir indéfiniment en France. Ces gens-là prennent les illusions de l'imagination pour la réalité: ils croient à ce qu'ils désirent. A les entendre, la République est incompatible avec l'ordre. Doucement, messieurs! c'est de la mauvaise foi. Et de grace, nous vous le demandons très sérieusement, est-ce qu'il n'y avait pas des émeutes sous le règne de Louis-Philippe, surtout pendant les premières années qui suivirent la révolution de Juillet? Ne vous rappelez-vous pas la révolte de Lyon? Avez-vous oublié les journées de juin? Ne vous souvenez-vous plus des manifestations peu pacifiques causées par le prix élevé du pain en 1847? Allons, convenez-en avec franchise : il y a eu sous le règne de Louis-Philippe des jours mauvais, des complots, des insurrections, des émeutes; et vous êtes bien mal inspirés, ma foi, d'accuser, avec tant d'aigreur et d'injustice, la République de tous ces hauts faits ! Croyez-nous, prenez-en votre bonne part, et n'en parlons plus dans votre intérêt. Les émeutes n'ont pas été inventées par la République et pour les besoins de la République : il y en a eu dans tous les temps, surtout depuis la révolution de 1830. Et soyez-en bien convaincus, si jamais la France revenait, par les voies légales, c'est-à-dire au moyen d'une révision de la constitution, au principe monarchique, elle n'irait certainement pas vers vous ! Il faut en faire votre deuil une fois pour toutes : la République vivra malgré toutes les intrigues, toutes les oppositions, si le peuple tient à la conserver; et si elle était destinée à mourir d'une mort légale, le pays se garderait bien, en tous cas, de vous confier ses destinées..... Voilà pourquoi il vous faut renoncer à des espérances chimériques, à de trompeuses illusions.... C'est que, voyez-vous, la République est un principe comme la monarchie héréditaire, tandis que la monarchie de Juillet était une monarchie de circonstance, une royauté d'occasion..... La dignité de caractère, et la supériorité d'intelligence de Madame la Duchesse d'Orléans, ne peuvent rien changer à cette situation toute exceptionnelle, toute anormale..... Nous le regrettons pour elle, dont nous savons admirer les brillantes qualités et les solides vertus... Encore une fois, la monarchie héréditaire seule représente un principe, comme la République en représente un autre... Tout le monde a compris cette vérité...

Convenons-en, d'ailleurs, de bonne foi : en présence d'un homme porté à la présidence de la République par six millions de suffrages, et qui a mis, on ne saurait le contester sans injustice, un frein aux mauvaises passions, on peut et on doit faire le sacrifice de ses affections personnelles, et lui prêter son concours dans les limites de la constitution et de la légalité.

La tâche que nous nous étions imposée est remplie.

Nous n'avons parlé de la duchesse d'Orléans qu'avec le respect qu'elle mérite;

Nous n'avons parlé du comte de Chambord qu'avec un sentiment de profonde vénération;

Nous n'avons parlé de la République, qui représente à nos yeux le principe de la souveraineté populaire, qu'avec une entière soumission à notre pacte fondamental et une inaltérable reconnaissance pour Louis-Napoléon Bonaparte, qui a préservé la France de grands malheurs.

Mais on nous permettra, sans doute, en terminant cette insignifiante bluette, de répéter ici une vérité aujourd'hui incontestée : C'est qu'il serait temps de clore l'ère sanglante des révolutions dans l'intérêt de la France et de la société, et que le meilleur moyen pour y parvenir est d'observer et de respecter la constitution, sauf à en obtenir la révision par les voies légales.

FIN.